ERNEST RIMBAUD

St-Jean-le-Centenier

Monographie communale

illustrée

PRIX : UN FRANC

VALS-LES-BAINS

IMPRIMERIE E. ABERLEN ET C°

MAISON D'ÉDITION

1907

Monographie communale

I

GÉNÉRALITÉS

St-Jean-le-Centenier, commune du département de l'Ardèche, fait partie du canton de Villeneuve-de-Berg et de l'arrondissement de Privas. On l'appelle quelquefois St-Jean-le-Noir. Pendant la Révolution on la désigna officiellement sous les noms de Centenier et de Jean-Centenier.

Cette commune a une population de 676 habitants; en 1709 elle comptait 95 feux, en 1789 : 105 feux, en 1845 : 800 habitants; elle atteignit 840 habitants en 1876, époque où l'on construisit la voie ferrée; depuis sa population n'a cessé de décroître, le chiffre des décès l'emportant presque chaque année sur celui des naissances et un certain nombre de jeunes gens, des familles entières parfois, quittant le pays pour aller chercher ailleurs, à la ville surtout, une fortune problématique.

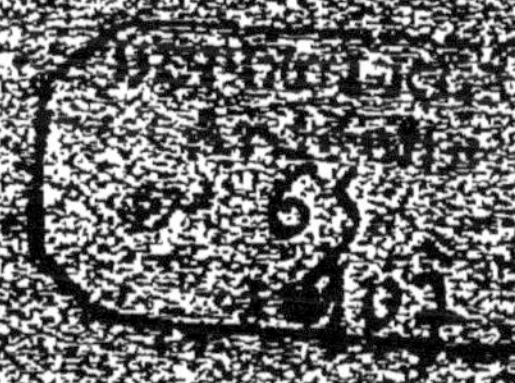

St-Jean-le-Centenier

Monographie communale

illustrée

PRIX : UN FRANC

VALS-LES-BAINS
IMPRIMERIE ET LIBRAIRIE ET Cⁱᵉ
MAISON D'ÉDITION

1907

II

SOUVENIRS HISTORIQUES

a) LA COMMUNE

Le village de St-Jean-le-Centenier est très ancien. Il existait sûrement à l'époque de l'occupation de la Gaule par les Romains.

Plusieurs édifices, les voûtes de la maison Adolphe Laffont, une partie des arceaux qui bordent la grande place, sont des constructions romaines.

Il serait même possible d'assigner à ce village une antiquité plus reculée. D'après quelques auteurs, un chemin établi par les Massaliotes (Marseillais) et allant de la Méditerranée à la Loire, aurait passé par St-Jean. Entre Jastrie et Maillas, au pied de la falaise basaltique, on peut voir encore les derniers vestiges d'un camp romain, qui aurait été primitivement un oppidum Gaulois.

Vers le commencement de l'ère chrétienne, les Romains créèrent une voie suivant à peu près la même direction que celle des Massaliotes et traversant St-Jean où elle franchissait la rivière de Claduègne au lieu dit *le Passadou*, sur un pont dont il reste encore la base des piles, enfouies sous le gravier. César suivit sans doute ce chemin dans sa marche contre les Arvernes, soulevés par Vercingétorix. Le nom du conquérant de la Gaule est resté, d'ailleurs, à une montagne voisine, Juliau, au sommet de laquelle on pouvait voir, il y a une vingtaine d'années, les ruines d'une citadelle romaine détruite en 406 par les Vandales.

Au moment où Alba Augusta comptait 40 ou 50 mille habitants, St-Jean-le-Centenier, à cause de sa situation stratégique, devait avoir une certaine importance; il s'y trouvait une garnison de cent hommes, commandées par un Centenier.

Le capitaine romain a dû donner son nom au village; à moins que ce ne soit le magistrat d'ordre inférieur, nommé aussi Centenier qui, à l'époque carolingienne, avait autorité sur un district de la Viguerie de Sauveplantade.

La création de Villeneuve-de-Berg (1284), dont la prospérité fut si rapide, diminua beaucoup l'importance de St-Jean.

Pendant la guerre de Cent ans, le village reçut plusieurs fois la visite de bandes anglaises, mêlées souvent de routiers, de tard-venus et autres bandits. Pour résister à leurs attaques, il se construisit des remparts, percés de trois portes et maintenus en bon état jusqu'à la fin du XVIIIe siècle.

Les habitants de St-Jean ne prirent que peu de part aux guerres de religion. Un cinquième de la population avait bien adopté les doctrines de Calvin, mais les Montaud, quoique catholiques militants, maintinrent la paix religieuse dans le village dont ils étaient les seigneurs. Le 23 octobre 1622, on vit cependant trente paysans de St-Jean aider le gouverneur de Villeneuve-de-Berg, Montréal, dans un combat livré sur les bords de Claduègne, au-dessous de Béchon, contre Louis IV, seigneur protestant de Mirabel.

Mais si St-Jean jouissait d'une tranquillité relative, les combats et les sièges étaient fréquents dans les environs. Le 9 mai 1626, le duc de Ventadour s'emparait du château du Pradel; ses soldats, se conduisant en vrais Vandales, détruisirent, non seulement la demeure, mais les jardins et les vergers qu'Olivier de Serres avait eu tant de peine à établir. Le 11 juin de la même année, le duc de Montmorency, gouverneur du Languedoc, celui que Richelieu fit décapiter plus tard, vint en personne assiéger le château de Mirabel, que son propriétaire croyait imprenable et qui ne put résister que quatre jours, les assiégeants ayant réussi à hisser trois canons sur le plateau du Coiron, en passant par St-Jean et le sentier étroit et scabreux de Labaume.

Daniel de Serres, fils du célèbre agronome, avait pris part au siège et combattu vigoureusement contre les catholiques; il raconte dans ses mémoires : « Ce jour (15 juin), je me retirai en chemise à Labaume, ayant été mis dans ce piteux état, à la porte de Mirabel, par les soldats du roi. Le sieur de Labaume de Rochevive me reçut fort humainement ».

Le soulèvement du duc de Montmorency et la guerre de Roure n'agitèrent pas St-Jean; mais après la révocation de l'Édit de Nantes, le village eut ses dragons, chargés de ramener, par les moyens que l'on sait, les protestants au catholicisme. Dans un manuscrit de la bibliothèque de l'Arsenal, à Paris, écrit vers l'an 1710, on peut voir que St-Jean comptait à l'arrivée des soldats, 87 protestants et que pas un seul ne fut converti; ils se montrèrent absolument réfractaires à l'éloquence des *missionnaires bottés*.

En 1789, les principes nouveaux furent acceptés avec enthousiasme par les habitants.

Le 22 mars, 61 d'entre eux, convoqués en la manière accoutumée, c'est-à-dire au son de la cloche, se réunirent sous la présidence de François Cade, avocat au Parlement, juge du lieu. La réunion avait pour but de désigner les délégués chargés de porter à l'Assemblée de Villeneuve-de-Berg, alors chef-lieu de Baillage, les cahiers de « pouvoirs, plaintes et remontrances » du tiers état de la paroisse de St-Jean et de contribuer à la nomination des députés aux États généraux.

Les délégués choisis furent Étienne Guilhon et Jean-Baptiste Bonnet.

Il fut procédé ensuite à la rédaction des cahiers, dont la minute, en bon état de conservation, existe encore dans les archives.

Les habitants y demandent entr'autres : *l'égalité des citoyens devant l'impôt, la liberté individuelle et l'abolition des lettres de cachet, la libre circulation des grains, l'abolition des péages, l'accès des citoyens du tiers état à toutes les fonctions, la suppression des prieurés, de la dîme et du casuel des curés.*

19 (sur 61) des citoyens présents surent signer le Cahier de doléances. Voici leurs noms :

Bonnet, Rimbaud, Bonnet, Guilhon, Delguey, Barbe, Rieux, Rimbaud, Barry, Guilhon, Orange, Mège, Mazoyer, Barbe, Rimbaud, Delguey, Barbe, Gourdon, Bonnet.

L'Assemblée qui se tint à Villeneuve-de-Berg dura onze jours ; elle avait attiré dans cette ville un grand nombre de personnes, certains délégués, ne pouvant s'y loger, se rendaient chaque soir à St-Jean. L'un d'eux, Pierre Barbut, député par le tiers état de la commune de St-Laurent-les-Bains, fut tué le 28 mars, près du Pont d'Argence. L'assassin fut arrêté et condamné à être roué vif. Il fut exécuté devant la porte de l'église de Villeneuve-de-Berg et son corps exposé au lieu du crime.

St-Jean-le-Centenier, sous la Révolution, fut assez troublé. De 1790 à l'an V, cinq municipalités se succédèrent. Les membres du Conseil municipal, appelé quelquefois Conseil général, étaient nommés par les *citoyens actifs* de la commune (on désignait ainsi ceux qui payaient une contribution d'au moins trois journées de travail). Le scrutin eut lieu plusieurs fois dans l'église, l'urne étant déposée sur l'autel.

Quelques édiles de cette période ne montraient sans doute pas assez d'empressement à se rendre aux séances ; aussi par délibération du 29 janvier 1792, il est décidé, sur la proposition de Jacques Orange, procureur de la commune, que tout conseiller municipal aura une amende de cinq livres pour chaque absence.

Une autre délibération de la même année (26 mars), nous permet de nous rendre compte des sentiments peu bienveillants qu'éprouvait une partie de la population pour le curé Blachère. Quelques jours auparavant, un certain nombre de personnes avaient tenté de démolir le mur du jardin du presbytère, accusant le curé « d'être un aristocrate et de tenir de mauvais propos contre la Constitution ».

Le 12 germinal, an II, le curé Guilhon, successeur de Blachère, fait la démission de sa cure, renonce à tout traitement et affirme avoir cessé ses fonctions depuis le 9 pluviose.

Le Conseil municipal décide que la maison curiale, devenue vacante, sera transformée en maison commune et en logement pour le maître d'école.

Les municipalités de cette époque paraissent animées d'un réel zèle patriotique; elles font tout ce qui est nécessaire pour contribuer, dans la mesure de leur pouvoir et de leurs moyens, à la défense de la France attaquée par les étrangers et les émigrés. Le 21 mars 1793, Étienne Rieux, maréchal à forge, est chargé de faire 12 piques. En messidor, an II, 9 cuves où l'on traitait la terre des caves et les cendres pour l'extraction du salpètre destiné à la fabrication de la poudre, sont en pleine activité chez le citoyen Delguey Malavas.

Le 5 frimaire, an III, les habitants sont invités à broyer et à teiller le plus rapidement possible les chanvres récoltés qui peuvent être propres au service de la marine.

Jusqu'à la fin du premier empire nous ne trouvons aucun fait intéressant à signaler.

En 1815, après la bataille de Waterloo, des troupes autrichiennes étaient casernées à Villeneuve-de-Berg.

D'autres communes voisines eurent aussi à loger de petits détachements. Les Autrichiens firent preuve, dans notre région, d'une certaine modération. Quelques-uns d'entre eux avaient fait partie d'un convoi de prisonniers qui séjourna à Villeneuve-de-Berg en février 1796; ils se souvinrent qu'on les avait bien traités quand ils y revinrent en vainqueurs.

Le maire de St-Jean, croyant que quelques soldats autrichiens logaient dans sa commune sans ordre, écrivit la lettre suivante au commandant qui se trouvait à Villeneuve.

MONSIEUR,

Je vous préviens qu'il arriva hier dans ma commune un caporal et 3 chasseurs du 8me bataillon, 6me compagnie, venant de Privas, nanti d'aucun ordre de leur officier supérieur, me disant de leur fournir des vivres jusqu'à nouvel ordre. Il me semble que le magistrat d'une commune ne doit recevoir aucun militaire de vos troupes sans qu'il soit nanti d'un ordre par écrit de leur chef. Je leur ai fourni les vivres et le logement. Veuillez bien, Monsieur, m'honorer d'une réponse, s'ils doivent rester dans la commune et quelles sont les rations qu'ils doivent recevoir journellement.

GOURDON, maire, ce 26 septembre 1815.

Le Commandant autrichien retourna la lettre du Maire après avoir écrit en marge :

Vous avez 2 caporal (sic) et 7 hommes qui doivent rester et être nourri *de* la commune et qui doivent recevoir journellement la ration journalière : Pain 41 onces, viande 10 onces, vin, une bouteille, eau-de-vie 1/8 bouteille, légumes, 5 onces, sel, 1 once, bois, lumière et logement.

Si nous nous en rapportons aux délibérations prises par les conseils municipaux, la population de St-Jean a fait preuve de « loyalisme » envers tous les gouvernements qui se sont succédé depuis 1804.

Le 14 mai 1811, des réjouissances publiques ont lieu pour fêter la naissance du roi de Rome. Maire, conseil municipal, garde nationale, desservant et « notables, » banquettent ensemble pour fêter cet *heureux événement.*

Le 30 octobre 1825, le Conseil municipal demande au Préfet d'ouvrir au budget un crédit de 50 francs pour pouvoir célébrer la St-Charles, comme l'était précédemment la St-Louis, « étant donné l'inviolable attachement des habitants pour l'auguste famille des Bourbons ».

Le 30 septembre 1830, le maire, M. Delguey-Malavas, écrit au Préfet qu'il a fait placer le drapeau tricolore sur le clocher; donne des détails sur la fête qui a eu lieu à l'occasion de la Révolution de 1830 et déclare qu'il a personnellement professé, en toutes circonstances, les sentiments politiques d'un patriote de 1789.

Le 8 mai 1851, les électeurs, par 210 voix contre... *zéro,* approuvent le coup d'État du 2 décembre.

b) LES CHATEAUX ET LES SEIGNEURS

Le château de St-Jean. — Le château de St-Jean fut construit au XVe siècle, sur le même plan que celui du Pradel. Actuellement, il n'a rien de bien remarquable. La tour principale, bien qu'écimée, forme cependant une masse assez imposante. La construction primitive a dû recevoir de nombreuses modifications. Une gravure du XVIIIe siècle, qu'on peut voir dans l'ouvrage de Faujas de St-Fond, *Les volcans éteints du Vivarais,* nous donne une idée plus favorable de l'extérieur du château de St-Jean. L'intérieur est bien aménagé. On y voit de belles et vastes pièces, au premier, comme au deuxième étage.

Les seigneurs. — La seigneurie de St-Jean a appartenu à la famille des de Montaud de 1384 à 1592. A

cette dernière date, la fille unique de Joachim de
Montaud épousa Claude d'Angères, seigneur du Mein
et de St-Bonnet des Oules. Leur fils Guillaume épousa
à son tour Anne de Hautefort de Lestrange qui, veuve
en 1633, soutint avec la communauté de St-Jean un
long procès dont voici la cause.

En 1632, la compagnie des cavaliers du seigneur de
Romanet logea à St-Jean. Les habitants, manquant de
ressources, allèrent aux provisions dans le château où

Château de St-Jean

ils prirent du foin, de l'avoine, du lard, du vin, du blé
et d'autres denrées. A ce moment, le duc de Montmorency, qui avait soulevé le Languedoc contre Louis XIII,
venait d'être décapité; d'autres seigneurs du Vivarais et
parmi eux le baron de Lestrange, seigneur de Boulo-
gne, proche parent de la châtelaine de St-Jean, avaient
subi le même supplice; le châtiment des chefs des
révoltés avaient donné une certaine audace au peuple
et comme cette révolte avait attiré le logement de gens
de guerre aux paysans, ces derniers voulurent faire
supporter aux seigneurs les effets de leur rebellion.

Mme d'Angères réclama le paiement des denrées prises de force, les habitants refusèrent, d'où un procès, terminé en 1666 seulement par une transaction.

En 1638, le château de St-Jean devint par un. mariage la possession des Moreton de Chabrillan. Cette famille se prétendait originaire d'Écosse ; elle était connue dans le Vivarais dès le commencement du XIIe siècle. Un Moreton fit partie de la croisade de Philippe-Auguste. Un de ses descendants était lieutenant-général des armées du roi et capitaine des gardes de « Monsieur » frère de Louis XVI, en 1770. Un autre Moreton fut député de Saône-et-Loire : il est décédé en 1886, laissant un fils, né en 1842.

Les Moreton habitaient le plus souvent St-Jean ; plusieurs y naquirent, d'autres y furent inhumés. On voit assez souvent dans les registres des baptêmes du XVIIIe siècle, les Moreton figurer comme parrains.

La devise des Moreton était : *Antes quebrar que doblar* (Plutôt rompre que ployer).

En 1779, M. Blachère acheta les biens du comte de Chabrillan. M. Blachère avait fait fortune aux colonies en exerçant la médecine. Il était originaire de Largentière. Bien que roturier, il s'attribuait parfois la particule et signait *de Blachère*, seigneur de St-Jean. Il mourut sans enfants. Sa veuve, Anne-Louise-Thomas Marcilli, une créole, épousa en secondes noces un cultivateur de St-Jean, Jean Combalhaud, et mourut en 1802.

M. Jacques Michel hérita du château qui est en ce moment la propriété de son petit-fils, M. Louis Michel, ancien préfet de la Côte-d'Or.

Le château de Labaume. — Le château de Labaume était bien plus ancien que celui de St-Jean. Ce fut un vrai château féodal. Bâti dans un endroit escarpé, où même de nos jours, on accède difficilement, il devait être presque imprenable. On ne peut maintenant se faire une idée exacte de sa forme primitive. Il reste du donjon, placé sur une énorme roche basaltique, un pan de mur percé d'une meurtrière. Trois familles logent dans des habitations aménagées dans l'enceinte du château. Certaines pièces en ont fait autrefois partie intégrante et n'ont guère dû être modifiées.

Les seigneurs. — Les seigneurs de Labaume se sont très longtemps appelés *Julien*.

Pendant les guerres de religion, les Julien de Labaume combattirent dans les rangs des catholiques. L'un d'eux fut quelque temps, à cette époque, gouverneur de Villeneuve-de-Berg. Un peu plus tard (1628) il prit part au combat livré à St-Germain contre le duc de Rohan, gendre de Sully. Un autre Julien guerroie contre les Camisards avec Cérice de Vogüé.

En 1756, le vicomte Julien de Labaume vendit une partie de ses propriétés au marquis d'Arlempde de Mirabel. M. Jacques Delhoste acquit le restant des biens et le château, probablement à un prix peu élevé, car l'acquéreur, en 1789, déclare que le château est en très mauvais état, nécessite des réparations fréquentes, et que les terres ont peu de valeur, étant donné qu'elles sont exposées « à l'orrogan de tous les orages, ainsi qu'au jeu de la carabasse » (1).

Autres seigneurs. — Nous avons parlé seulement des principaux seigneurs de St-Jean et de Labaume. Il y en a eut d'autres à certaine époque. De 1400 à 1520, les *Comte*, seigneurs de Lavilledieu, furent coseigneurs de St-Jean. *De Gradus*, en 1333, était seigneur de Labaume, et de 1480 à 1718 les *de Barjac* furent seigneurs ou coseigneurs de Labaume, le Bouquet et Montbrun. En outre des seigneurs voisins possédèrent, à divers moments, des domaines plus ou moins impor-

---

(1) Voir page 38 ce qu'on entend par *carabasse*.

tants dans notre commune. Le domaine de Malavas, en 1450, appartenait à de Nicolaï et en 1780 à M. Tavernol. Escoulay, en 1746, était la propriété de M. François de Chambeson, capitaine d'infanterie qui y habitait.

c) LE PRIEURÉ — L'ÉGLISE — LES CURÉS

Le prieuré. — Avant la Révolution, St-Jean avait un *prieuré simple;* nous n'avons pu trouver depuis quelle époque; il en est question en 1235, dans un acte, à propos de limites avec St-Pons.

A ce prieuré étaient attribués les produits de la *dime,* des *censives, lodds* et autres droits, ainsi que les revenus donnés par un moulin, une maison (1) et des propriétés importantes.

Le prieuré de St-Jean dépendait de l'abbaye de la Chaise-Dieu. C'était un moine bénédictin de ce monastère qui en était titulaire. Le prieur de 1769 se qualifie de « *Religieux bénédictin de l'abbaye royale de la Chaise-Dieu, congrégation de St-Maur, prieur titulaire du prieuré régulier de St-Jean-le-Centenier* ».

Voici les noms de quelques prieurs :

1388, Pons CHABAUD; 1475, Antoine FABRI; 1560, Dom BEMBROC; fin du XVIe siècle à 1630, un DU MEIN, de la maison de Montaud, famille seigneuriale de St-Jean; 1646 à 1669, Jean-Baptiste PELET DES GRANGES; 1675, Pierre DE THOLON DE LA LAUPIE; vers 1685, Guilhaume BLACHÈRE; 1742, René GILLOT; 1769, Dom PROTÈS DE BUIRON.

Les prieurs titulaires n'habitèrent pas toujours St-Jean. (Il est probable qu'ils y résidèrent tant qu'exista dans le village le monastère de Clastres; il est parlé de ce cloître en 1390); ils s'y faisaient remplacer par des curés auxquels ils payaient la portion congrue.

(1) La maison du prieuré appartient actuellement, partie à M. Redon, partie à M. Claude Bonnet.

Les prieurs avaient dans la commune, aux XVIIe et XVIIIe siècles un fermier qui, a des conditions fixées par un bail, percevait à son profit les revenus du prieuré.

En 1769 le fermier, Étienne Guilhon, donnait par an :

1° — 3.000 livres au prieur;

2° — 500 livres au curé pour sa portion congrue;

3° - 250 livres au vicaire;

4° — La moitié de l'huile nécessaire à la lampe de l'église;

5° — 40 livres au curé et au vicaire pour menues dépenses;

6° — 712 livres 12 sols au Receveur des décimes de Viviers.

D'un rapport de M. Marze, expert nommé par arrêté du district du Coiron en date du 8 août 1792, nous tirons les renseignements suivants :

1°. — La *dime* rapportait.............. 2.600 livres

2°. — Les *censives* se portaient à environ 90 setiers de froment, 24 setiers d'avoine, une livre 8 sols argent, 11 poules, 7 chapons, 3 journées 2/3, le tout évalué............. 1.100 »

3° — *Les lodds* .... 190 »

4° — Le moulin du prieuré............ 290 »

5° — *La route* (terre).... .... 270 »

6° - La terre des Riails............... 320 »

7° - Le devois de la Coste (77 sétérées).. 75 »

8° - La vigne de Clastres............. 75 »

9° — La maison du prieuré............ 30 livres 10 sols

10° — Le jardin du curé................ 30 »

11° — Plusieurs autres terres ensemble... 50 »

Soit plus de .... **5.000 livres**

Les droits et redevances perçus par le fermier du prieur devaient peser lourdement sur les paysans et être très impopulaires; en 1789 les habitants demandèrent dans leurs Cahiers de doléances la suppression de la dîme en général et des prieurés simples, « sauf aux communautés à s'imposer un revenu fixe et honnête en faveur de leur pasteur de second ordre et de son vicaire ».

En 1793 les biens dépendant du prieuré furent vendus comme bien nationaux, excepté le devois de la Coste qui fut considéré comme une propriété communale et partagé entre les habitants.

Les acquéreurs de la prairie des Riails se refusèrent à reconnaître aux habitants un droit dit *d'esplèche* ou de *dépaissance*, dont lesdits habitants avaient usé, prétendaient-ils, de temps immémorial et par lequel ils pouvaient faire paitre leurs bestiaux dans les prairies du Prieuré « depuis la Saint-Jean-Baptiste jusqu'à Notre-Dame de février ». Ce refus produisit dans la commune une vive effervescence, les nouveaux propriétaires des Riails furent menacés, frappés même. La municipalité leur intenta un procès qui dura plusieurs années et qu'elle finit par perdre.

L'église. — L'église St-Jean a été construite au XIIIe siècle. Elle était fortifiée, ainsi qu'en témoignent encore les tours rondes, autrefois reliées par une galerie, dont sa façade est flanquée. La forme primitive de l'église a dû être souvent modifiée; les délibérations consulaires des XVIIe et XVIIIe siècles parlent souvent des réparations, agrandissements, adjonctions de chapelles faits à cet édifice.

Vers 1855 le curé Brun fit construire le chœur actuel à l'aide de subventions et de souscriptions en argent et en nature.

En 1885 le clocher, qui menaçait ruine, fut démoli; quatre ans plus tard une nouvelle flèche fut construite à la place de l'ancienne, c'est-à-dire sur la tour du nord.

Le presbytère date de 1687 (1). Le curé d'alors, Jacques Crozier, se chargea de le faire construire moyennant 725 livres fournies par la Communauté « à la charge, dit une délibération consulaire, par chaque manant de la paroisse ayant bête à bât de fournir 5 journées d'homme avec la dite bête à bât — ceux qui n'ont pas de bête, 6 journées d'homme — ceux qui refuseront les journées, les consuls les fourniront aux dépens des refusants sur le pied de 24 sols de l'homme avec la bête et de 12 sols l'homme seul ».

En l'an IV, l'Etat voulait considérer la maison curiale comme bien national et faire procéder à la vente de cet immeuble. Le conseil municipal protesta et empêcha cette vente disant que le presbytère était un immeuble communal qu'il voulait utiliser pour servir d'école et de mairie.

Église de St-Jean en 1885

Les curés. — Avant la Révolution, St-Jean avait un curé et un vicaire, tous deux nommés par le prieur de qui ils recevaient annuellement : le curé, 500 livres; le vicaire, 250 livres.

(1) Un incendie le détruisit en partie en 1751.

Liste des Curés jusqu'en 1789

François DES POMMIERS...............	vers 1556
Gaspard DES POMMIERS (son neveu).	de 1591 à 1629
Pierre IMBERT.....................	1629 à 1653
Pierre BARRY.....................	1660 à 1687
Jean-Baptiste CROZIER (de St-Pons).	1687 à 1712
DUPUIS.........................	1713 à 1718
GAUD	1720 à 1723
BLACHÈRE.......................	1723 à 1748
Messire Philippe DE BLACHÈRE.....	1748 à 1784
GUILHON.......................	1785 à 1807 (?)

Les vicaires étaient changés souvent, la liste en serait très longue. Leur situation semble avoir été précaire; ils remplaçaient fréquemment le « Précepteur de la Jeunesse »; ils ne possédaient qu'une instruction élémentaire. L'un d'eux (Boysson), en 1712, s'intitule *prêtre sacristain vicaire.*

Pendant la Terreur, un certain nombre de prêtres habitaient St-Jean où ils ne furent pas inquiétés. Le 19 floréal, an X, Jean-Baptiste Guilhon, Pierre Roux, Simon Guilhon, Jean-Antoine Gaucherand et Étienne Rouvier, résidant dans la commune et qualifiés de « prêtres vertueux », font connaître à la Mairie qu'ils se soumettent au Concordat.

Un décret du 30 septembre 1807 déclara la paroisse de St-Jean non concordataire, de sorte que les habitants, malgré des réclamations nombreuses, durent assurer le traitement de leur curé pendant 12 ans.

En 1820, l'église fut érigée en succursale et le desservant rétribué par l'État.

Les curés suivants se sont succédé dans la commune depuis la Révolution jusqu'en 1907 :

J.-B. GUILHON; FLACHÈRE; FROMENT; BRUN; BASTIDE; COULOMB; MEYRIAL; MOULIN.

Cultes. — Lors de la Révocation de l'Edit de Nantes, un cinquième environ de la population de la commune appartenait à la religion réformée. Les soldats du brigadier Saint-Ruth, d'odieuse mémoire, ne réussirent pas, malgré leurs violences, à faire changer de religion une seule personne.

Les familles protestantes se sont éteintes ou ont quitté le pays, car, actuellement, tous les habitants de la commune sont catholiques, pratiquants ou non pratiquants.

d) LES INSTITUTEURS — LES LOCAUX SCOLAIRES

Les instituteurs. – Aux XVIIe et XVIIIe siècles, les instituteurs étaient appelés : précepteurs de la jeunesse ; ils étaient choisis par les Consuls.

Longtemps l'instituteur n'enseigna que pendant les six mois de la mauvaise saison. Chose curieuse, les curés bataillèrent souvent avec les Consuls, ces derniers soutenus par la population, pour obtenir que l'école restât ouverte toute l'année, « pour le bien de la religion » disait le curé Blachère en 1741. Ce curé présenta en ce sens une requête à l'Intendant du Languedoc ; les habitants pétitionnèrent en sens contraire. Finalement, l'opinion du curé prévalut, mais les Consuls se soumirent d'assez mauvaise grâce.

Il arrivait parfois que le vicaire faisait fonction d'instituteur toute l'année ou bien seulement pendant l'été, l'instituteur en titre enseignant alors pendant l'hiver ; dans ce dernier cas ils partageaient les 120 livres annuelles que les consuls leur octroyaient libéralement.

Avec 10 francs par mois, le Précepteur de la jeunesse ne devait pas rouler sur l'or. Pour mettre un peu de beurre sur son pain, il exerçait d'autres professions : il était journalier agricole, tisserand ; quelquefois mieux que tout cela : en 1717, Laurant Laurant, cumulait le nom et le prénom de Laurant, les fonctions d'instituteur et celles de maître chirurgien ; ajoutons que les chirurgiens de cette époque étaient presque tous vétérinaires et barbiers.

Voici les noms de quelques Précepteurs de la Jeunesse :

		1681	MARTY ;
		1682	ALARD ;
		1687	DAUMIER ;
		1695	BONFILS ;
1701	à	1705	GAUTIER ;
1706	à	1712	DUCHAMP (de Mirabel) ;
		1713	ROBIN (curé-commis) ;
		1714	F. BONNET ;
1717	à	1725	Laurant LAURANT ;
		1734	CHALVET ;
		1750	Jean CHAUMEL (de Vacheresse).

Voici, à titre de curiosité, la copie d'un reçu établi par un Précepteur de la Jeunesse :

Je soussigné, comme Précepteur de la Jeunesse de la paroisse de St-Jean-le-Centenier, confesse avoir reçu du Sieur Louis Jalivet, greffier et collecteur de la présente année de la dite paroisse, la somme de 43 livres, en déduction de celle de soixante que la Communauté me doit pour avoir fait les petites écoles au présent lieu l'espasse de 6 mois... dont le quitte et par son moyen ladite communauté.

Fait à St-Jean-le-Centenier, ce 30ème novembre 1725.

LAURANT.

De 1789 à 1817, l'instituteur fut Claude Bonnet. En l'an XI, le maire donnait sur lui les renseignements suivants :

« A été négociant, traite de gré à gré avec les parents, tient des pensionnaires étrangers, a 30 élèves. Il est probe, instruit, ayant fait ses études, enseigne la lecture, l'écriture, l'arithmétique, ne connaît pas encore le système métrique ».

En 1819, l'instituteur et l'institutrice n'ont pas de traitement fixe; ils perçoivent pour chaque enfant une rétribution qui varie avec l'âge, 2 francs, 1 fr. 50 et

1 franc par mois; 38 filles et 26 garçons fréquentent.

Les extraits suivants d'une délibération du Conseil municipal (15 janvier 1832) permettent de juger de l'indépendance dont jouissait l'instituteur d'alors.

« L'Instituteur devra enseigner la grammaire, l'analyse, la dictée, l'arithmétique, à lire les papiers, la géographie, la carte, l'écriture et l'histoire. ... Il fera 4 heures de classe le matin, 3 heures le soir.

L'Instituteur sera inspecté par deux membres du Conseil tous les mois. Le dimanche, il donnera une leçon de plain chant. Il est invité d'enseigner, d'apprendre et donner ses soins à chaque élève sans distinction de classe, de fortune et de parenté. Il doit tenir chaque jour, le matin et le soir, sa classe bien propre et bien aérée ».

Programme, emploi du temps, directions, conseils d'hygiène et autres, rien ne manque dans cette délibération. La question du balayage, pendante encore, y est même résolue.

Instituteurs depuis 1789

1789 à 1816	Claude Bonnet;
1816 à 1818	Frère Jean-Baptiste Pommier;
1818 à 1826	Jacques Balcet;
1826 à 1831	Jean-Pierre Duchamp;
1831 à 1838	Jean-François-Régis Gardette;
1838 à 1852	Jean-François Roux;
1852 à 1886	Les Frères maristes;
Depuis 1886	Ernest Rimbaud.
1886 à 1888	Louis-Gabriel Roche (adjoint);
1888 à 1893	Edmond Breysse (adjoint).

De 1886 à 1903, les Frères maristes ont tenu une école privée qui a eu les directeurs suivants : Reynaud, Bernard, Fargier, Gleyze, Codol, Veyrenc.

Institutrices. — Les « Petites Écoles » étaient mixtes et dirigées par des instituteurs.

En 1816, St-Jean avait une école spéciale aux filles; nous n'avons pu trouver la date de sa fondation.

En 1836, une D^lle Marie-Julie Martin (une religieuse), demande à exercer les fonctions d'institutrice dans la commune.

Mlle Cazeneuve Rosalie fait une semblable demande en 1839.

Des sœurs de la Présentation de Marie s'y établissent vers 1852. L'école publique devient laïque en 1888.

Institutrices titulaires laïques

1888 à 1892	Mlle SANTINI Marie ;
1892 à 1894	Mlle FENOUILLET Estelle ;
Mars 1894 à juillet 1894	Mme CAZENEUVE Joséphine ;
Juillet 1894 à août 1894	Mlle JOUVE Anna ;
1894 à 1899	Mlle BROUSSE Antoinette ;
1899 à 1901	Mlle MALAFOSSE Élise ;
1901 à 1905	Mlle POUZACHE Berthe ;
1905 à 1906	Mlle POUZACHE Marie ;
Depuis 1906	Mlle AURÈS Lucie.

Institutrices adjointes laïques

1892	Mme SALVAT ;
1893	Mlle FERRAND Gabrielle ;
1895	Mlle POUZET Antoinette ;
1897	Mlle REYNAL Charlotte ;
1899	Mlle LAMOUSSERIE Noémie ;
1900	Mlle MARCHAUD Emma ;
1902	Mlle POUZACHE Marie ;
Depuis 1903	Mlle VIOUX Augusta.

Au mois d'avril 1889, une école privée congréganiste a été ouverte dans la commune par Mlle Reine Vigne, sœur de la Présentation. Depuis 1902, cette école privée est devenue laïque. Directrice : Mlle Faure.

Les locaux scolaires. — La commune n'eut pas de maison d'école lui appartenant jusqu'au commencement du XIXme siècle. « Le Précepteur de la Jeunesse » réunissait les enfants dans sa chambre, un local dont le loyer annuel atteignit 30 francs en l'an X. Pendant près de deux siècles le budget communal porta l'article suivant : « Pour le louage de la chambre du Précepteur de la Jeunesse : *6 livres* ». A ce prix on ne devait pas avoir un palais scolaire.

Le 15 germinal, an II, le Conseil municipal décida, nous l'avons dit plus haut, que la maison curiale, devenue vacante, servirait de maison commune et de logement pour le maître d'école : cette décision ne fut pas suivie d'effet.

Écoles publiques

En 1816, une « maison d'éducation » fut construite au quartier de Clastres, sur un terrain dont la propriété était revendiquée à la fois par la commune et par un prêtre originaire de St-Jean. Les difficultés furent vite aplanies car ce dernier céda gratuitement et de bonne grâce le terrain contesté. Il fit aussi don à la commune d'un capital de 3.000 francs dont les intérêts, au 5 %, devaient constituer en partie les traitements de l'instituteur et de l'institutrice. C'est probablement depuis cette époque que St-Jean a une école pour chaque sexe. L'instituteur logeait dans la partie est du bâtiment construit à Clastres, la sœur occupait la partie ouest et la pièce du milieu servait de Mairie.

Des Frères maristes remplacèrent l'instituteur laïque en 1852, ils furent installés dans un immeuble acquis de M. Étienne Guillaumanche, au prix de 8.400 francs.

Enfin en 1904, un beau groupe scolaire a remplacé les anciens locaux jugés avec raison insuffisants et malsains. L'inauguration des nouveaux bâtiments se fit le 17 avril 1904 et donna lieu à des fêtes et réjouissances qui feront époque dans la vie dés habitants qui en ont été témoins.. Le banquet fut présidé par M. Belleudy, préfet de l'Ardèche; M. Pradal, sénateur et M. Astier, député, y assistaient ainsi que M. Maurel, conseiller général de Villeneuve-de-Berg; M. Amblard, conseiller d'arrondissement, maire de St-Jean et son conseil, et la plupart des maires du canton.

Instruction. — Nous croyons intéressant de donner ci-dessous quelques renseignements statistiques sur le degré d'instruction des conscrits et des conjoints au moment du mariage :

Conscrits

De 1836 à 1880   54 conscrits (17 %), ne savent ni lire ni écrire.
De 1881 à 1891   9   »   (11 %),   »   »
De 1891 à 1906   5   »   (4 %),   »   »

Mariages

De 1793 à 1830   80 futurs (45 %) et 132 futures (75 %)
De 1831 à 1880   91 futurs (29 %) et 152 futures (47 %)
De 1881 à 1906   5 futurs (3 %) et 20 futures (14 %)
n'ont su signer leur acte de mariage

c) ADMINISTRATION

Avant la Révolution. — Avant la Révolution St-Jean était administré par deux consuls. La partie de la commune située sur la rive droite de Claduègne, qu'on appelait Labaume, désignait un troisième consul.

Labaume, faisait *un mandement* à part, mais était de la paroisse et de la *taillabilité* de St-Jean.

Les consuls étaient nommés pour un an. Leur élection se faisait d'une façon expéditive. A la sortie de la messe, les habitants, avertis par la cloche, ou par le curé au prône, se réunissaient sous les arceaux de la place publique, généralement le premier ou le deuxième dimanche de janvier. Les consuls sortants — rarement réélus — rendaient compte sommairement de leur mandat, puis les noms de divers habitants étaient mis en avant, les deux qui obtenaient le plus grand nombre de suffrages exprimés oralement étaient consuls pour un an.

L'élection faite, les consuls nouveaux juraient sur *les saints évangiles* qu'ils étaient catholiques et qu'ils rempliraient fidèlement leurs fonctions.

Les attributions des consuls étaient fixées pour la plupart par la loi et l'usage, quelques-unes spéciales, par le mandat des électeurs, car ceux-ci, après la séance, exprimaient librement leurs vœux.

Les consuls faisaient voter *la mande* et le budget communal, ils désignaient l'instituteur, l'homme qui allumait la lampe et fermait la porte de l'église. Ils fixaient le prix du pain, veillaient à la propreté des rues, faisaient réparer quand il y avait lieu, les remparts et nommaient celui qui chaque soir fermait les portes donnant accès dans le village.

Dans toutes les circonstances où il y avait des décisions importantes à prendre les consuls provoquaient, au lieu habituel, c'est-à-dire sous les arceaux, la réunion d'une assemblée de leurs mandants pour avoir leur avis. Souvent le curé assistait à ces assemblées présidées par le juge du lieu ou par son lieutenant. (Le juge résidait presque toujours à Villeneuve-de-Berg.)

Nous relevons, parmi les Consuls des XVIIme et

XVIIIme siècles, les noms de Heyraud — Guilhau-
manche — Delguey — Favet — Vincent — Armenaud
— Guilhon — Mondon — Ranchin — Barbe — Gui-
gon — Pastré — Avias — Bonnet — Mége — dont
les familles ne sont pas éteintes.

Pendant la Révolution. — Sous la Révolution la
commune fut administrée par un maire assisté de deux
officiers municipaux, de 6 notables, d'un secrétaire-
greffier et d'un procureur de la commune faisant fonction de Ministère public. L'ensemble de ces citoyens
portait le nom de Conseil général de la commune. Leur
réunion avait lieu à *la Maison commune;* ils étaient
convoqués par la cloche sonnant à volée.

Maires pendant l'époque révolutionnaire

Janvier 1791.....   Pierre MAZOYER;
3 novembre 1791   Jean-Baptiste DELGUEY (de Malavas);
16 décembre 1792   Jean-Baptiste BONNET;
28 frimaire an III   Étienne GUILHON.

Depuis l'an VIII, la commune de St-Jean est administrée par un maire, assisté d'un adjoint et de 10
conseillers municipaux.

Les maires et les adjoints suivants se sont succédé
depuis la Révolution.

Maires

16 thermidor an VIII au 23 décemb. 1806 Étienne GUILHON;
    1806 à 1815 Jacques GOURDON;
    1815 à 1832 Jacques DELGUEY (Malavas);
    1832 à 1843 Étienne-Reymond GUILHON;
    1843 à 1848 Louis GUIGON;
    1848 à 1885 Gabriel MICHEL;
    1885 à 1899 Auguste GOURDON;
    1899 à 1900 Maximin MOUNIER;
    Depuis 1906 Delphin AMBLARD;

Adjoints

An VIII à 1826   Jean COMBALHAUD;
1826 à 1828   Antoine GOURDON;
1833 à 1848   Victor GUILHON;
1848 à 1874   Félix GUILHON;
1874 à 1885   Marius GUILHON;
1888 à 1899   Jean-Félix MAZOYER;
Depuis 1899   Ernest RAOUX.

Élections. — Les électeurs dans la commune de St-Jean, ont donné la majorité de leurs suffrages aux candidats monarchistes dans toutes les élections départementales, cantonales ou municipales jusqu'en 1885. A cette date, et à la suite de la démission de M. Gabriel Michel, maire depuis près de 40 ans, le Conseil municipal devint en majorité républicain. Depuis toutes les consultations électorales ont été favorables aux candidats de la démocratie.

Le Conseil municipal, élu en mai 1904, est composé comme il suit :

Delphin AMBLARD, *maire;* Ernest RAOUX. *adjoint;* Jean-Léon AVIAS, Basile AYME, Louis-Claude BONNET, Paul BONNET, Firmin CROZE, Casimir GASCHET, Adolphe-Frédéric LAFFONT, Frédéric MONDON, Maximin MOUNIER, Louis JOUVE, *conseillers municipaux.*

III

GÉOGRAPHIE DE LA COMMUNE

a) TOPOGRAPHIE

La commune de St-Jean est limitée au nord, par la commune de St-Gineys-en-Coiron, à l'est par la commune de St-Pons, au midi par celles d'Alba et de Villeneuve-de-Berg et à l'ouest par celle de Mirabel.

Elle a un périmètre de 23.086 mètres; elle affecte la forme d'un rectangle irrégulier ayant en moyenne 4 kilomètres et demi de longueur, du Coiron vers Villeneuve-de-Berg, et 3 kilomètres et demi de largeur de Mirabel vers St-Pons. Sa superficie totale est de 1.515 hectares.

La commune de St-Jean est très accidentée; les plaines, même de peu d'étendue, y sont rares. Les eaux ont deux versants; un à l'ouest, dans la Claduègne, sous-affluent de l'Ardèche, l'autre dans l'Escoutay qui se jette dans le Rhône près de Viviers. La rivière de Claduègne sort du cratère de *Chaud-Coulant* d'où son nom, Clades igni (ravages du feu). Elle roulait autrefois des paillettes d'or. C'est un filet d'eau inoffensif en temps ordinaire; mais elle devient redoutable après les fortes pluies.

A chaque crue, elle ronge un peu du mamelon formé de marne calcaire sur lequel est bâti le village; les habitations trop rapprochées du précipice de Labrau devront être abandonnées dans un avenir peut-être rapproché; une l'a été déjà; les vieillards se rappellent cependant avoir vu un chemin de plusieurs mètres de largeur derrière la maison Cru.

Claduègne ne tarit jamais; elle arrose beaucoup de jardins potagers établis sur ses rives; ses eaux sont assez abondantes pour actionner deux moulins à farine ayant appartenu autrefois, celui du nord, au Prieur, celui du midi, au seigneur.

Dans Claduègne on peut pêcher d'excellents petits poissons (des vairons et des loches). La truite ne vit que plus haut, dans les gouffres que forme la rivière sur le territoire de St-Gineys-en-Coiron.

La commune de St-Jean est traversée par la route nationale de Viviers à Clermont. Avant l'établissement de la ligne de chemin de fer du Teil à Alais, cette route était très fréquentée. Les rouliers s'arrêtaient à

St-Jean, dans de vastes auberges qu'on peut voir encore, pour gravir ensuite la côte d'Argence, à l'aide de *ren-forts* pris dans le village.

Une autre route, départementale celle-là, se détache de la première et se dirige vers Privas par Berzème. Enfin de nombreux chemins vicinaux ou ruraux, assez bien entretenus, relient le chef-lieu de la commune aux différents hameaux.

Montagnes du Coiron et rocher de Mailhas

b) MÉTÉOROLOGIE

Le village de St-Jean est à 335 mètres d'altitude (la gare à 306). La température y est assez clémente. Le thermomètre descend rarement au-dessous de — 8º. La proximité du Coiron fait cependant que le froid est un peu plus vif qu'il ne le serait sans ce voisinage; comme compensation le plateau volcanique nous vaut pendant l'été un vent du nord qui tempère les ardeurs du soleil.

Le vent du nord, ou *bise*, est le vent régnant; il souffle souvent et avec beaucoup de force; il suffit, pour s'en convaincre, de remarquer la direction des branches et mêmes des troncs des arbres, tous inclinés vers le sud. Le vent du midi ou *marin* se fait sentir plus rarement; il nous procure habituellement la pluie, qui nous arrive aussi quelquefois par le vent de l'ouest ou *traverse*. Presque tous les orages qui s'abattent sur la commune viennent du couchant. « De la *traverse*, si l'on en croit le dicton, il ne vient ni beau temps, ni braves gens ». Le vent de l'est, ou plutôt du sud-est, souffle fréquemment. On l'appelle ici vent du Rhône, ou *Rhouné*; en hiver il est très froid; il amène souvent, pendant cette saison, par la gorge des Combes et la vallée de l'Escoutay, un brouillard épais et glacial, le *cousin*, qui enveloppe le village, les quartiers avoisinant la gare et qui descend dans la vallée de Claduègne. Il est rare que ce brouillard atteigne le Pradel et s'élève au-dessus de Béchon et de Jastric. Quand le *cousin* est à St-Jean, le Coiron jouit d'une température très douce et d'un soleil radieux.

Les rosées (en patois : *ëigogno)* sont assez fréquentes ici, surtout dans les bas-fonds, elles se produisent pendant les nuits sereines et calmes. Lorsqu'elles sont très abondantes elles précèdent généralement la pluie d'un ou deux jours.

Les orages accompagnés de grêle, sont malheureusement assez fréquents à St-Jean qui est entouré de hauteurs pour la plupart dénudées. Habituellement la grêle tombe dans l'après-midi, entre deux et cinq heures. L'orage du 3 septembre 1897 se produisit cependant à 10 heures du matin; il dura 10 minutes; ce court espace de temps suffit pour que la grêle hachât les récoltes et endommageât sérieusement les branches des arbres. Il faut dire que les grêlons tombaient sans pluie et qu'ils étaient d'une grosseur extraordinaire; quelques-uns avaient le volume, mais non la forme, d'un œuf moyen de poule; ils étaient aplatis des deux côtés, comme des meules de moulin et dentelé sur les bords.

Les étés à St-Jean, sont généralement secs ; en 1906 il ne plut pas depuis avril jusqu'en octobre. C'est vers cette dernière époque que les pluies abondantes arrivent, causant parfois des inondations. L'eau de ruissellement glisse très vite sur les pentes du Coiron et arrive en peu d'instants dans les ruisseaux et les rivières, qu'il fait déborder. Les anciens ont conservé le

St-Jean-le-Centenier. — Vue générale

souvenir des inondations de 1820, de 1826, de 1840 et surtout de celles du 24 octobre 1841 et des 16 et 17 octobre 1891. La dernière causa 100.000 francs de dégâts et démolit en partie le pont des Rochers, qu'il fallut reconstruire.

c) LE BOURG

Le village chef-lieu comprend environ la moitié de la population totale de la commune ; l'autre moitié est disséminée dans des hameaux tous de peu d'importance sauf un, celui des Rochers, bâti sur le flanc du Coiron et dont les habitations s'abritent derrières d'énormes blocs de pierres détachés de la masse volcanique.

Le village de St-Jean est situé sur une hauteur, à 5 kilomètres de Villeneuve-de-Berg, à 19 de Privas ; il domine d'un côté la route nationale et la voie ferrée, de l'autre la vallée de la Claduègne. Il avait autrefois un aspect triste, dû à la teinte sombre des maisons, construites presque toutes en basalte ; mais dans ces dernières années, beaucoup de bâtiments ont été crépis, de nouvelles constructions, plus belles, plus gaies, ont été faites, un clocher ajouré élève sa flèche au-dessus de l'agglomération, de beaux platanes ombragent les places et les chemins, aussi le village de St-Jean vu de la gare (la gare des Roses) a-t-il maintenant une physionomie tout à fait coquette. La description de ce gentil pays a tenté la plume de plus d'un écrivain ardéchois.

« St-Jean-le-Centenier, dit M. Gaston Fontanille, est un pays charmant. Il convient, pour bien le voir, de se placer un peu loin, au-delà de la ligne de chemin de fer ; le paysage présente alors de la grandeur et du charme : la *grandeur*, c'est le plateau du Coiron, s'avançant en double promontoire dont l'un domine Jastrie et l'autre cache Mirabel — masses énormes, taillées à pic, sculptées d'admirables colonnades de basalte — qui, lorsqu'une brume légère couvre la plaine, à la nuit tombante, rappellent le Cap Nord au soleil de minuit et ses teintes bleuâtres ; et cette couleur bleu foncé de tout le paysage a valu à la région le nom significatif que lui donnent les Vivarais : *St-Jean-le-Noir*.

« Le *charme*, c'est la vallée de la Claduègne, glissant entre les roches volcaniques ; c'est aussi le village et sa vieille église, qui, au temps tragique des guerres religieuses, servait tour à tour de lieu de prière et de place forte et tour à tour retentissait de litanies religieuses et de cliquetis d'armes, c'est enfin, le quartier de la gare, fouillis d'arbres et de rosiers, émaillé de fleurs innombrables, comme un jardin d'Orient, avec le vaste château dont la blancheur transparaît à travers les feuillages : *d'aucuns*, en une vision voluptueuse, se crurent transportés en un val d'Asie mineure et le surnommèrent St-Jean-de-Smyrne ».

D'aucuns, c'est André Maz, un autre écrivain ardéchois, presque aussi lyrique que M. Fontanille quand il décrit St-Jean.

« Planté comme un sémaphore au point culminant séparant le bassin de l'Ardèche de celui de l'Escoutay, *St-Jean-le-Noir* -- comme on l'appelait au temps jadis alors qu'il n'avait pas volé son nom -- se campe fièrement, tel un preux cuirassé, sentinelle du moyen-âge oubliée et pétrifiée par les siècles en sa posture de combat. Le village apparaît sous toutes ses faces, isolé sur le petit monticule qu'il coiffe solidement d'une toque de granit. Que ce soit du côté du Teil, de Vogüé, du plateau du Coiron, ou de celui de Villeneuve-de-Berg que vous le regardiez, l'aspect en est le même. Toujours au milieu, son gentil clocher tout flambant neuf, entouré d'une ceinture de maisons brunes aux parvis extérieurs émergeant de la mer glauque des prés, tapis d'émeraude broché de pâquerettes et de crocus, allant tremper ses franges dans l'eau cristalline de ses rivières naissantes..... »

St-Jean-de-Smyrne, Turquie d'Ardèche.

Nous avons dit déjà, qu'à l'époque de la guerre de Cent ans, le village de St-Jean fut entouré de remparts, percés de trois portes qui fermaient encore en 1720. Mais vers le milieu du XVIIIe siècle, la sécurité régnant dans les campagnes, un certain nombre d'habitants du village, à l'étroit dans l'enceinte, se construisirent au dehors des demeures plus spacieuses et plus commodes ; ceux qui restèrent furent ainsi plus à l'aise et purent élargir leurs rues, agrandir leurs places. Car St-Jean a des places, d'abord celle de Bellevue, la bien-nommée, où depuis 1885, fonctionne un poids public ; puis Clastres, occupée longtemps par le monastère dont elle a pris le nom, et enfin la place de l'Eglise, au milieu de laquelle se trouvait autrefois le cimetière, établi en 1841 à l'emplacement actuel.

Il n'y a pas vingt ans, les habitants étaient obligés, en été, d'aller s'approvisionner d'eau à la rivière de Claduègne, les puits et les citernes tarissant presque tous pendant la saison sèche; mais en 1887, la source des Vernèdes fut acquise par la commune, les travaux de captage et d'adduction furent rapidement exécutés, et depuis 1889 le village de St-Jean est abondamment pourvu d'une eau excellente.

d) SERVICES PUBLICS

La poste. — Le Bureau de poste de St-Jean, créé en 1878, est géré par un facteur-receveur; deux facteurs ruraux attachés à ce bureau, desservent les communes de St-Gineys et de Berzème. Depuis 1905 ce service est installé dans l'ancienne école publique de filles; la commune reçoit de l'administration des postes un loyer annuel de 150 francs.

La gare. — Depuis la construction de la ligne de chemin de fer du Teil à Alais (1876) St-Jean a une gare qui dessert, en outre St-Jean, St-Gineys, Berzème et en partie St Pons et Villeneuve-de-Berg; un service de voitures la relie trois fois par jour à cette dernière localité.

La gare de St-Jean est ouverte à la télégraphie privée.

Le percepteur. — St-Jean est, nominalement, le chef-lieu d'une perception comprenant les communes de Lussas, Darbres, St-Laurent, Mirabel, St-Gineys, Berzème, St-Pons et St-Jean. Le titulaire de cette perception est autorisé par le ministre des Finances à résider à Villeneuve-de-Berg. St-Jean a souvent protesté contre cet état de choses nuisible à ses intérêts et essayé d'avoir la résidence réelle du percepteur, disant que la commune est le point le plus central et le plus avantageusement placé pour les contribuables. Mais les communes intéréssées, plusieurs fois consultées, n'ont jamais été de cet avis, elles préfèrent acquitter leurs contributions au chef-lieu de canton où

Place de Clastres

peuvent les appeler en même temps d'autres affaires. En 1830 et 1831 seulement, pour obéir à des prescriptions ministérielles appliquées dans toute la France, St-Jean eut son percepteur.

Le notaire. — St-Jean a une étude de notaire depuis plusieurs siècles. Voici les noms de quelques-uns des titulaires de cette étude :

1620 à 1627	Durand ;
1628	Garnier ;
1650 à 1674 (?)	Guilhon ;
1700	Tavernol ;
1761 à 1797	Delhoste père ;
1800 à 1818	Delhoste fils ;
1818 à 1833	Gontier ;
1833 à 1841	Coulet ;
1841 à 1845	Salin ;
1845 à 1883	Michel ;
1883 à 1892	Exbrayat ;
1892 à 1897	Varenne ;
1897 à 1901	Rourrissol ;
Depuis 1901	Fargier.

Deux notaires, M. Gontier vers 1831, M. Coulet vers 1835, allèrent par convenance personnelle, résider à Villeneuve-de-Berg ; mais les édiles de St-Jean se fâchèrent, avec raison, et cette fois, plus heureux que dans la question du percepteur, ils eurent gain de cause : le Procureur du roi enjoignit à MM. Gontier et Coulet de résider dans la commune où se trouvait leur étude.

Archives. — Les archives de la mairie, placées dans une bibliothèque vitrée, sont bien classées et en bon état de conservation. Des inventaires sérieux ont été faits en 1873 et en 1899. Les pièces antérieures à 1789 y sont assez nombreuses. Une liasse de délibérations consulaires (de 1633 à 1781) comprend 193 délibérations écrites sur des feuilles volantes. La lecture de ces documents est assez difficile, mais fort intéressante. On peut se faire une idée à peu près exacte de la vie d'une communauté aux XVIIe et XVIIIe siècles et au cours de cette lecture on trouve force renseignements se rapportant à des temps plus reculés. Citons encore parmi les pièces intéressantes :

Le Registre des baptêmes, mariages et décès, tenus par les curés (1688-1791). — Les comptes rendus par les collecteurs

*et les consuls (1646-1786). - Les baux de la levée de la taille
(1712-1784). - Le cahier des doléances (12 mars 1789). --
Les livres compois ou livrettes des cadastres établis en 1591 et
1648, les atlas parcellaires manquent.*

Les *livrettes* sont reliées en parchemin; on les déchiffre péniblement, les lettres n'ont pas la même forme, l'encre a pâli. On trouve parmi les contribuables d'alors des noms appartenant à des familles qui ne sont pas éteintes :

GUILHON, BONET, FAVET, HEYRAUD, VINCENS, GUILHAU-MENCHE, GORDON, ROCHIER (cadastre de 1591), PALAJAIX, OZIL, RAOULX, BARBE (cadastre de 1648).

Les noms de famille des femmes y subissent l'application de la règle de formation du féminin en patois :

Marie Gourdo*nne*, (pour Gourdon) — Suzanne Laure*nce*, (pour Laurent) — Catherine Giba*ude*, (pour Gibaud) — Antonia Fave*lle*, (pour Favet).

Nous voyons encore figurer dans ces cadastres les nobles suivants :

Guilhaume DE MONTAUD, seigneur de St-Jean. — Gaspard DES POMMIERS, curé. - - Dame Anne D'AUTEFORT DE LESTRANGE, dame DUMAIN. — Guilhaume DES JULIEN, seigneur de Labaume. — Hoirs de noble Gédéon BLANCHON. — Jean-Baptiste PELLET, seigneur et prieur de St-Jean. — Hoirs de sieur Etienne LAGARDE, viguier à Villeneuve.

IV

GÉOGRAPHIE ÉCONOMIQUE

a) AGRICULTURE

Le sol. — Si nous en croyons la légende, un cultivateur de St-Jean, ayant semé *un* sac de grain, en récolta *cent* (d'où une nouvelle étymologie de *Centenier);* de notre temps hélas! on n'obtient pas de pareils rendements ; le sol de la commune est cependant très fertile, mais il est difficile à travailler, à cause de la trop grande porportion d'argile qu'il contient. Dans la partie de notre territoire constituée par les pentes du Coiron et qui aurait pour limites, au sud, la route nationale, Claduègne et le chemin de Mirabel, le sol a une coloration brune due à la présence de débris de roches volcaniques : ce sont les *terres noires,* les plus fertiles; le restant des terrains, dont la pente est généralement tournée vers le nord, constitue les *terres blanches,* qui renferment une plus grande quantité de calcaire que les premières.

Le *sous-sol* est formé le plus souvent par des bancs de calcaire plus ou moins dur, qu'on trouve à des profondeurs variant avec les quartiers. Dans les terres noires ces bancs sont inclinés vers le sud. Après les fortes pluies, les eaux d'infiltration cheminant sur ces roches déterminent des glissements de terrain parfois considérables. C'est ce qu'on appelle dans le pays la *carabasse.* Il arrive assez fréquemment qu'une muraille séparant deux propriétés se déplace de plusieurs mètres, d'où quelquefois des difficultés entre propriétaires voisins. Au hameau des Rochers, deux habitations ont dû être abandonnées, les murs lézardés par le *tirage de la carabasse*, menaçant de s'abattre sur les habitants.

Le terrain est très morcelé à St-Jean ; la surface entière de la commune (1.515 hectares) appartient à 310 propriétaires (dont 100 forains) qui possèdent donc en moyenne chacun 4 hectares et demi. Peu de propriétaires, une quinzaine, détiennent une surface supérieure à 20 hectares ; un seul possède plus de 100 hectares.

Les cultures. — Le sol et le climat de St-Jean conviennent aux céréales, au blé surtout qui a toujours donné et donne encore de bons rendements. La pomme de terre réussit moins bien, les étés étant trop secs. Les vignes, reconstituées la plupart avec des plants greffés, fournissent un vin assez agréable à boire, mais inférieur comme bouquet, comme finesse, à celui des communes voisines : St-Pons, Mirabel, Villeneuve. Le foin des prairies naturelles est assez estimé ; on ne peut le comparer toutefois aux foins odorants du Coiron. La luzerne, le trèfle, le sainfoin, sont avec raison de plus en plus cultivés, la betterave aussi, depuis que la pomme de terre cause des déceptions.

Les arbres. — Les arbres fruitiers ne sont pas en très grand nombre. Le châtaignier, l'amandier sont cependant une source de revenus importants.

Le châtaignier pousse surtout dans les quartiers des Rochers, des Boirons, de Mailhas. Les marrons de St-Jean valent presque ceux de Vesseaux.

L'amandier affectionne les terres blanches d'Argence, des Lérauts, de Lablachère. Les amandes sont vendues quelquefois non cassées à des courtiers ; le plus souvent les récoltants les cassent pendant les veillées d'hiver : ils conservent ainsi les coquilles, combustible qui n'est pas à dédaigner dans un pays où le bois de chauffage est rare.

Le mûrier grandissant lentement, on n'en plante presque plus, à tort, croyons-nous ; les vieux disparaissent assez vite ; aussi, nous le constatons avec regret, l'élevage des vers-à-soie perd chaque année de son importance. En 1906, on n'a mis dans la commune que 132 onces de graines à incubation : on en mettait plus du double il y a 50 ans.

Les bois. — Jusque vers le milieu du XVIIIe siècle les pentes du Coiron furent garnies en grande partie de chênes séculaires ; deux porchers communaux, nommés par les consuls, y conduisaient leurs troupeaux au régal des glands. En 1757, de nombreux chênes furent abattus et vendus à l'Etat, « pour le service de la marine » dit une délibération consulaire. Depuis, le déboisement a malheureusement continué, et comme les souches des vieux chênes ne donnent pas de rejetons, il ne reste plus que quelques hectares de bois futaies et de bois taillis dans les quartiers de Lavialette et de la Garenne.

Les animaux sauvages; le gibier. — Peu de bois, donc peu d'animaux sauvages. Depuis bien longtemps on n'a vu de loup à St-Jean. Quelques renards, quelques blaireaux ont leurs terriers sous les blocs basaltiques des Rochers, de Mailhas et de Jastrie.

Les lièvres et les lapins sont un peu plus nombreux.

Le gibier à plume n'abonde pas : les perdreaux en été, les alouettes en hiver, sont la ressource du chasseur. Dans notre région, vivent aussi les pinsons, les mésanges, les rouges-gorges, les chardonnerets, auxiliaires des cultivateurs, que tout le monde devrait protéger, et les moineaux et les pies, trop nombreux, qui commettent dans les jardins et les champs, d'assez importants dégâts.

Les animaux domestiques. — Quelques cultivateurs se livrent à l'élevage des chevaux et des mulets ; la plupart conservent ces animaux seulement pour leurs travaux agricoles; un petit nombre emploient des bœufs qu'ils livrent à la boucherie après engraissement une fois les labours terminés.

Le lait que donnent les 10 ou 12 vaches qu'on trouve dans la commune est vendu sur place. Le beurre est de qualité ordinaire. Plusieurs propriétaires ont essayé avec succès d'acclimater des *tarentaises*, qui sont meilleures laitières que les vaches de pays. On compte ici une dizaine de troupeaux de moutons formant un total d'environ 900 bêtes à laine; quant aux chèvres, il y en a généralement plusieurs dans chaque ferme. L'élevage des porcs, qui laisse d'assez beaux bénéfices, est assez pratiqué depuis quelques années.

Machines agricoles. — La main-d'œuvre étant rare et chère à St-Jean, l'usage des faucheuses, batteuses, moissonneuses, etc., tend à se répandre. Mais jusqu'ici les cultivateurs très aisés ont seuls pu se procurer ces coûteuses machines.

Nous espérons que dans un avenir rapproché le syndicat agricole pourra faire profiter tout le monde des services qu'elles peuvent rendre.

b) INDUSTRIE

St-Jean, pays essentiellement agricole, n'a eu ni atelier, ni usine jusqu'en 1894. A cette date une manufacture de carreaux mosaïques en ciment comprimé fut créée par M. Bonnefoy. Cette industrie eut des débuts très modestes, mais, petit à petit, elle prit de l'extension et actuellement elle occupe une trentaine d'ouvriers.

La manufacture de carreaux mosaïques est aujourd'hui la propriété de MM. Blachère et Cⁱᵉ de Villeneuve-de-Berg; les produits qui y sont fabriqués sont expédiés non seulement dans les diverses régions de la

France, mais encore à l'étranger, surtout dans les pays chauds auxquels ils conviennent particulièrement.

c) COMMERCE

St-Jean vend surtout du blé, des cocons, des amandes, des châtaignes. Ces produits sont achetés sur place par des courtiers locaux ou étrangers.

Les autres produits en excès, animaux, volailles, œufs, etc., sont transportés et vendus aux foires de Villeneuve-de-Berg, aux marchés d'Aubenas, du Teil et de Montélimar.

St-Jean a trois foires, qui se tiennent le lundi de Pâques, le 21 août et le 25 juin. Cette dernière seule est fréquentée, mais comme la date en a été très bien choisie et qu'elle existe de temps immémorial, elle est très importante. Elle durait autrefois trois jours (24, 25 et 26 juin); depuis l'établissement de la gare, les transactions se font toutes le 25. Il y a ce jour-là à St-Jean, une affluence considérable de gens, de bestiaux et de marchandises. On y vient de très loin. La grande place est encombrée de marchands d'étoffes de toutes sortes, de marchands de chaussures, de chapeaux, de taillandiers, de quincailliers, etc. A Clastres on voit des amoncellement d'ails, de fourches, de rateaux; plus loin s'entassent le jardinage et les pommes de terre; les porcs trouvent place aux abords du poids public; les moutons et les bœufs sur la route départementale; les chevaux et les mulets, en très grand nombre, sont attachés sur deux rangs au nord du village.

Autrefois de nombreuses diseuses de bonne aventure, installées dans des roulottes, essayaient de soutirer aux naïfs quelques pièces blanches; depuis quelques années elles ont complètement disparu, leur clientèle, grâce à la diffusion de l'instruction, devenant de plus en plus rare. En revanche nous voyons apparaître chaque année, aux approches de la foire, les *catalans* ou *caraques*, conduisant chacun une ou plusieurs rosses, qu'ils tâcheront de vendre un bon prix. Ces ambulants jouissent dans le pays de la plus détestable réputation.

Poids et mesures. Dans les transactions, les cultivateurs de la commune, les commerçants, les artisans, se servent des poids et mesures légaux ; mais dans le langage courant il est assez souvent fait usage de termes désignant des mesures de l'ancien système. C'est ainsi qu'on dit une *cane* pour 2 mètres, un *pied* pour 1/3 de mètre ; les femmes achètent un *pan* d'étoffe (0^{m}25) ; les charrons, les cordonniers, les menuisiers évaluent certaines longueurs en *pouces* (3^{cm}) et *lignes* (douzième partie du pouce). Pour les surfaces, les anciens vous parlent de la *toise* (4 mètres carrés), de la *sétérée* (600 toises ou 2.400 mètres carrés) ; pour les contenances, si on ne dit plus une *charge de vin* (160 litres) on dit encore un *sétier* (20 litres) ou une *quarte de blé* (double-décalitre), un *boisseau* (demi-décalitre) et plus rarement un *pot* de vin (2 litres). Un *quintal*. sans qualificatif, c'est 50 kil. ; la *livre*, le demi-kilogr. On compte encore quelquefois par *écus* de 3 francs (100 écus, 50 écus) et quelques vieillards, parfois, emploieront le mot *liard* pour quatrième partie du sou.

d) SOCIÉTÉS

Les cultivateurs de la commune, pour la plupart intelligents, ouverts aux idées de progrès, ont compris que pour lutter efficacement contre la concurrence étrangère qui avilit les prix des produits agricoles, il fallait s'instruire et s'associer. Des progrès réels, pas aussi grands que nous le souhaiterions, ont été faits pendant ces dernières années. Pour développer, compléter leur instruction, bon nombre sont abonnés à des

journaux professionnels ou autres; certains lisent avec
fruit les ouvrages qui composent la bibliothèque scolaire; les conférences qui se font depuis bientôt 15 ans
à l'école publique sont très suivies et les professeurs
d'agriculture trouvent de nombreux auditeurs quand
ils viennent faire connaître les bonnes méthodes et les
nouveaux procédés de culture.

D'autre part, des associations se sont fondées : Une
société d'assurances mutuelles contre l'incendie, la
première de la région, fonctionne depuis 1896, grâce à
l'intelligente initiative d'un cultivateur éclairé M. Mounier Maximin et de quelques autres personnes qui lui
ont aidé à surmonter les difficultés que rencontrent
toujours les novateurs. Une société de secours
mutuels a aussi été établie il y a deux ans et enfin un
syndicat communal agricole, auquel viennent petit à
petit ceux qui comprennent la devise : un pour tous,
tous pour un, rend depuis quatre ans des services
importants qui s'accroîtront avec le temps et le nom—
bre des adhérents.

c) FINANCES COMMUNALES

Si grâce à la fertilité de leur sol, à leur labeur opi-
niâtre, à leur économie, à l'esprit d'initiative de quelques-uns, les habitants de St-Jean sont aisés, les
revenus communaux sont, par contre, peu élevés.
Chaque année le Conseil muncipal doit voter des cen-
times spéciaux pour que les recettes ordinaires puissent
payer les dépenses obligatoires. Les droits de place
(104 francs), de pesage au poids public (140 francs),
la taxe sur les chiens (environ 60 francs) les permis
de chasse, le loyer du bureau de poste forment le plus
clair des recettes communales. Aussi quand il a fallu
faire des dépenses importantes la commune a dû con-
tracter des emprunts. C'est avec ces ressources
extraordinaires qu'on a pu, pendant ces 25 dernières

années, procéder à des améliorations, à des constructions devenues absolument nécessaires : chemin conduisant à la gare, agrandissement du cimetière, chemins de St-Gineys-des-Rochers, fontaines publiques, groupe scolaire, pont sur Cladnègne. Sans doute les divers emprunts contractés ont eu une répercussion désagréable sur les contributions, mais dans un avenir rapproché, les augmentations d'impôts disparaîtront et les améliorations resteront.

V

MŒURS — USAGES — COUTUMES

Habitations. — Les maisons de St-Jean comprennent en majorité un rez-de-chaussée, un étage et un galetas ou grenier. Le plus souvent les propriétaires demeurent au 1er étage, le rez-de-chaussée étant occupé par les écuries, les caves, etc. Les bâtiments, construits en pierre volcanique ou en calcaire, sont recouverts de tuiles creuses ou plates. L'habitation comprend généralement une cuisine où l'on prend les repas, et une ou plusieurs chambres. Les cuisines étaient autrefois très vastes, elles sont maintenant de dimensions plus restreintes ; la plupart sont carrelées, quelques-unes encore dallées. Les autres pièces de l'habitation, toujours blanchies ou tapissées, sont carrelées ou parquetées.

Mobilier. — Le mobilier est simple, mais suffisant. Dans presque toutes les maisons on trouve les grandes armoires à linge, les pétrins, les commodes, les buffets aux provisions, à un ou deux corps. Ces meubles sont souvent en noyer plein, quelquefois en sapin. Les lits en noyer aussi, sont garnis d'une paillasse, remplie de paille de blé ou de feuilles de maïs ; l'usage des sommiers se répand de plus en plus, ainsi que celui des matelas en laine ou en crin.

Nourriture. - La nourriture, tout en restant frugale, s'est bien améliorée dans ce dernier demi-siècle. La soupe de légumes, assaisonnée au lard, les légumes frais ou secs, les œufs, le laitage, les pommes de terre surtout en forment la base ; mais beaucoup, les dimanches et jours de fête, ajoutent au menu habituel, un morceau de viande de mouton ou de bœuf. Dans presque tous les ménages on *tue* chaque année le porc gras qui fournit d'abondantes provisions de charcuterie. On ne mange que du pain de blé et celui des plus pauvres est excellent. Depuis qu'on a reconstitué les vignes détruites par le phylloxéra le vin paraît à chaque repas sur beaucoup de tables. Le café et le sucre sont consommés en quantités respectables dans les familles les moins aisées ; les femmes surtout ne peuvent se passer de leur *goutte noire* qui achève de leur délier la langue, déjà assez alerte cependant.

Le costume. — Le costume n'a rien de bien caractéristique. Les cultivateurs s'habillent à St-Jean comme dans les villages de la région. La blouse est délaissée de plus en plus et remplacée par le veston ou le tricot. L'antique *queue de morue* en *cadis bleu* (1) ou *ramoneur*, le pantalon à *pont-levis*, n'existent plus qu'à l'état de souvenir. La coiffure est une casquette ou un chapeau de feutre mou. Quelques vieillards ont vu dans leur enfance leurs grands-pères porter le chapeau tricorne dit *à la taravelle*. Plus près de nous, quelques retardaires étaient encore coiffés de bonnets en laine ou en coton, marron ou bleu, posés en pain de sucre

(1) Étoffe grossière de laine.

sur le crâne, penchés parfois sur l'oreille. Aujourd'hui l'élégant *casque à mèche* ne quitte guère le traversin.

En été les chaussures sont des souliers à clous pour le travail, des souliers plus fins ou des bottines pour les jours chômés; en hiver, on porte des sabots en noyer, des *patins* ou des galoches en cuir à semelle de bois.

Le costume des femmes a perdu lui aussi, sa couleur locale. Aucune, sauf un jour de carnaval, ne voudrait mettre maintenant la robe de *bourette*, tant portée il n'y a guère plus d'un demi-siècle. Disparu aussi le châle du dimanche qui avait bien son charme. Rares sont les femmes qui portent encore la *coiffe blanche*, si seyante pourtant, avec ses entre-deux, ses tuyaux et ses mentonnières bien empesées. Aujourd'hui, femmes et jeunes filles suivent la mode de près, portent chapeaux et costumes comme à la ville et emprisonnent leur taille dans le corset que ne connurent pas leurs grands'mères.

LA VIE ET LES MŒURS

Les naissances. - A St-Jean, comme dans l'opéra connu, un baptême est une fête pour les parents, pour les amis. De l'église, les invités, précédés par la marraine portant le nouveau-né, vont faire une station plus ou moins longue dans un café, suivis par la foule des gamins qui se poussent, se bousculent pour ramasser dans la poussière ou dans la boue quelques dragées de mauvaise qualité qu'ils avaleront avec force microbes. Le cortège se rend ensuite au domicile des père et mère où a lieu un plantureux repas.

Les mariages. — Les mariages donnent lieu aux mêmes réjouissances, plus prolongées encore. Obéissant à la coutume, les nouveaux mariés partent pour le voyage de noces le jour même de leur union.

On se marie ici, ou va s'aimer là-bas

dit une romance déjà vieille.

Les décès. — Dans aucune autre commune de la région, nous n'avons vu aux enterrements une telle affluence de personnes. La plupart des familles y ont au moins un délégué. Hommes et femmes accompagnent le cercueil jusqu'au cimetière, au retour le deuil s'arrête près du château, au *jardinas*, où il est salué respectueusement par les assistants.

Les fêtes locales. — La fête votive se tient le dimanche qui suit le 22 juillet (Ste-Madeleine). Les quatre ou cinq jeunes gens organisateurs de la fête s'entendent avec un groupe de musiciens et pendant la nuit du samedi au dimanche des sérénades sont jouées sous les fenêtres des habitants du village et des hameaux. Le dimanche ils vont, toujours en musique, offrir des gâteaux dans les familles. Bien entendu, c'est là un cadeau intéressé : les organisateurs reçoivent, en retour de leurs *fouasses*, force pièces blanches, qui avec les cotisations volontaires des cafetiers, principaux bénéficiaires de ces sortes de fête, leur permettent de payer les dépenses faites et aussi de se réjouir un peu s'il y a un excédent de recettes. La partie la plus intéressante du programme, c'est toujours le bal, qui a lieu sur une place entourée pour la circonstance de guirlandes de buis supportant des drapeaux et des lanternes vénitiennes.

Jeunes gens et jeunes filles s'y rendent nombreux, surtout le soir, les spectateurs forment le cercle et en avant la musique! danseurs et danseuses se livrent avec entrain à cette réjouissance innocente et hygiénique. Innocente en effet, car les couples ne pensent qu'à

« bien faire, » qu'à bien exécuter leurs pas et leurs
entre-chats; hygiénique, aussi, capable, dit un médecin
un peu poète, de donner aux jeunes filles des formes
élégantes et de mettre en fuite la chloro-anémie; et
ce n'est sûrement pas la danse en plein air que con-
damnait Victor Hugo quand il disait de sa belle espa-
gnole :

> Elle aimait trop le *bal*, c'est ce qui l'a tuée.

Le lundi, des jeux divers viennent compléter la
fête : courses de bicyclettes, de chevaux, jeux du
canard, de la poêle, du baquet, de la cruche, etc.

Le quartier de la gare, depuis quelques années, a
aussi sa fête votive qui est très fréquentée, le dimanche et le lundi de Pâques.

Le carnaval. — Pauvre carnaval! il se meurt, il est
mort! A peine, si les dimanches et mardis gras une
demi-douzaine de jeunes gens, plus ou moins bien
masqués, circulent dans le village ou les hameaux,
chantant le vieux et mélancolique refrain : *Adièou
paourè!* et quêtant des saucisses qu'ils mangeront
peut-être, les mécréants, le mercredi des cendres.

La Noël. — Certaines fêtes religieuses sont aussi
une occasion de réjouissances profanes. C'est la Noël
qui a toujours eu le plus de vogue. Les anciens l'appe-
laient prosaïquement le *jour où l'on mange tant*. Maintenant encore, dans beaucoup de familles, on attend la
messe de minuit en faisant un repas maigre, composé
essentiellement de morue et de beignets. On se met à
table dès que les enfants ont vu scintiller au firma-
ment la première étoile et le repas se prolonge parfois
jusqu'à une heure avancée.

Les feux de la St-Jean. — L'habitude des feux de la
St-Jean n'est pas perdue dans la commune. Le 23 juin,
dans chaque quartier du bourg, dans chaque hameau,
dans chaque ferme isolée même, à l'endroit le plus

découvert, on allume un feu dès que la nuit est venue. Bien que le bois de chauffage soit rare, chacun apporte son fagot. Aussitôt que la flamme a tombé, gamins et jeunes gens montrent leur agilité en sautant par-dessus le brasier.

Les chansons. — Pas de fête qui ne se termine par des chants. On chante un peu de tout, des romances, des airs patriotiques, des chansons politiques ou comiques ; les *scies* à la mode pénètrent même très vite, trop vite, dans la commune, on délaisse de plus en plus les vieilles chansons, dont quelques-unes étaient en patois du pays, car, si le français est à St-Jean compris par tout le monde, parlé assez correctement par la grande majorité, les conversations ordinaires ont lieu presque toujours dans l'idiome local.

Croyances diverses. Superstitions. — Les habitants de St-Jean ne sont pas, en général, superstitieux. Depuis un demi-siècle, on ne parle plus, comme autrefois dans les veillées, des *lutins*, des *fées* (*fados*, en patois), des revenants, de la *trève* (esprits frappeurs, maisons hantées). Mais on trouve encore des gens qui ne voient pas sans appréhension une araignée le matin, ne voyagent pas le vendredi, redoutent le nombre treize, considèrent le bris d'une glace ou le renversement d'une salière comme autant de présages de malheur. On voit aussi quelques personnes qui *font passer* les verrues, guérissent de certaines affections, par un simple attouchement de la partie malade, accompagné de paroles cabalistiques. Elles ont un *don* (pouvoir occulte) disent ceux qui y ont foi, un *don* qui se transmet comme un héritage, de père en fils.

Enfin il n'est pas rare de voir des gens qui recourent au rebouteur plutôt qu'au médecin pour une luxation ou une fracture et qui vont chez quelque bonne femme se faire guérir de la jaunisse.

CONCLUSION

Nous n'espérons pas que cette étude, sans prétention littéraire, où nous avons cherché simplement à être exact, sincère, impartial, procurera à ceux qui la liront, le plaisir que nous avons éprouvé à en réunir les divers éléments. Nous pensons toutefois qu'elle pourra intéresser ceux qui s'occupent d'histoire locale. Nous aimons à croire surtout qu'elle contribuera à attacher davantage les habitants de St-Jean à leur sol natal, à leur faire aimer un peu plus leur petite patrie.

12 avril 1907.

FIN

9 782019 938949